AF356712

٥٠٢

Vente du Mercredi 22 Janvier 1862

COLLECTION DE M. DE V.

OBJETS D'ART

DE CURIOSITÉ

ET D'AMEUBLEMENT

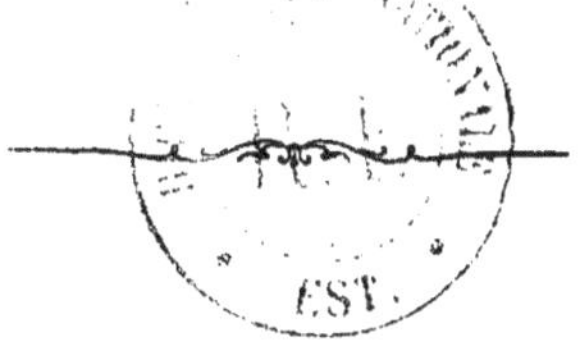

Mᵉ Ch. PILLET, Commissaire-Priseur

M. ROUSSEL, Expert

PARIS. IMPRIMERIE DE PILLET FILS AINÉ
Rue des Grands-Augustins, 5.

CATALOGUE

DE

FAÏENCES ANCIENNES

DES DIVERSES FABRIQUES ITALIENNES DU SEIZIÈME SIÈCLE

Faïences de Bernard Palissy
et autres fabriques françaises ; Verrerie vénitienne ;
Porcelaines de Chine et du Japon montées et non montées ;
Dorures anciennes
dont une très-belle Pendule du temps de Louis XVI ;
Autre grande Pendule en marqueterie de Boule, même époque :
Objets rares et précieux

LE TOUT FORMANT LA COLLECTION DE M. DE V...

DONT LA VENTE AUX ENCHÈRES PUBLIQUES AURA LIEU

HOTEL DROUOT, SALLE N° 5

Le Mercredi 22 Janvier 1862

A DEUX HEURES

Par le ministère de Me **CHARLES PILLET,** Commissaire-Priseur,
rue de Choiseul, 11,

Assisté de M. **ROUSSEL,** Expert, rue Moncey, 16,

Chez lesquels se distribue le présent Catalogue.

EXPOSITION PUBLIQUE

Le Mardi 21 *Janvier* 1862, *de une heure à cinq heures.*

CONDITIONS DE LA VENTE

Elle sera faite au comptant.

Les adjudicataires payeront *cinq pour cent* en sus des enchères, applicables aux frais.

Paris. Imprimerie de Pillet fils aîné, 5, rue des Grands-Augustins.

DÉSIGNATION

DES OBJETS

Faïences italiennes

1 — Très-beau bas-relief à fond bleu et relief blanc, représentant la Vierge tenant l'enfant Jésus.

Pièce remarquable par la beauté du modelé et l'expression des figures. Fabrique de Luca della Robbia. Seizième siècle.

Le cadre en bois sculpté, rehaussé de dorure, est dans le style de l'époque.

2 — Vase de forme cylindrique, décoré d'arabesques en grotesques du plus beau style, sur fond blanc, et orné de deux médaillons, offrant d'un côté un sujet biblique finement peint, et sur l'autre un écusson aux armes du célèbre Mario, avec cette inscription : *Cesaro Candia*. Fabrique d'Urbino.

Pièce remarquablement belle.

3 — Vase à une anse, de forme antique, ouverture en trèfle ;
la peinture offre, dans une couronne de fleurs, une
femme accroupie portant sur la tête une corbeille de
fruits. Sujet fin et gracieux. Fabrique d'Urbino.

4 — Belle et grande bouteille de pharmacie, offrant sur un
fond bleu, décoré d'arabesques en jaune, un portrait
de femme tenant un cygne (sans doute Léda). Fabrique de Castel-Durante.

5 — Autre bouteille de même forme, pendant de la précé-
dente et du même décor, avec portrait de femme
tenant un serpent (sans doute Cléopâtre). Même
fabrique.

6 — Grand plat rond à fond bleu, décoré d'arabesques fantastiques en grisaille, du plus beau style et de la plus
riche composition. Il porte au revers la date 1533.
Fabrique de Faenza.

7 — Coupe basse, décor à bosselages et bel émail à reflets
métalliques très-vifs ; au centre, la Vierge et l'enfant
Jésus. Fabrique de Gubbio.

8 — Plat rond, décoré d'une peinture très-fine ; une inscription au revers explique le sujet. Fabrique d'Urbino.

9 — Coupe festonnée, offrant intérieurement le sujet de
Diane au bain surprise par Actéon. Fabrique d'Urbino.

10 — Jolie coupe basse, peinture fine, représentant un sujet
mythologique; au revers on lit : *Delle Bacchante*.
Fabrique d'Urbino.

11 — Très-joli plat, offrant un sujet mythologique, d'une
grande finesse de peinture, attribuée à Oratio Fon-
tana.

12 — Joli petit plat, dit *cuppa amatoria*; la peinture représente un sujet mythologique; au-dessus du sujet est
un écusson aux armes des Pucci. Au revers, une inscription explique le sujet, avec la signature de Xanto
et la date de 1532. Fabrique d'Urbino.

13 — Autre petit plat, pendant du précédent, avec sujet mythologique. Au revers, une inscription et la signature
de Xanto. Même fabrique.

14 — Très-joli petit plat; la peinture, qui représente Jupiter
en berger, est attribuée à Xanto, dont on croit voir le
monogramme inscrit sur la terrasse et placé sous
l'émail. Même fabrique.

15 — Plat décoré d'arabesques fantastiques en grisaille sur
fond bleu, avec portrait d'homme au centre. Fabrique de Faenza.

16 — Petit plat, peinture sur fond jaune représentant la per-
sonnification de la Lune sur son char. Fabrique d'Urbino.

17 — Petite coupe avec buste de femme ; on lit sur une banderole : *Susana bella*. Même fabrique.

18 — Autre coupe, de mêmes forme et fabrique, avec buste d'homme ; on lit sur une banderole : *Batista*. Même fabrique.

19 — Très-beau plat à fond bleu, décoré d'arabesques et de trophées ; il porte la date 1517. Fabrique de Faenza.

20 — Jolie coupe festonnée à piédouche, décorée d'arabesques en grotesques sur fond blanc ; au milieu est la figure de la Foi. Fabrique d'Urbino.

21 — Petite coupe à bosselages ; le décor, à reflets métalliques rouge de feu sur fond bleu, présente au milieu un écusson armorié. Fabrique de Gubbio.

22 — Plat avec sujet mythologique ; au revers, on lit : *Aretusa et Alfeo*. 1545. Fabrique d'Urbino.

23 — Petit plat avec sujet mythologique ; au revers on lit la signature : *Rxe. Fallore*. Fabrique d'Urbino.

24 — Petit plat représentant un sujet biblique, avec armoirie au-dessus du sujet. Fabrique d'Urbino.

25 — Grand plat ; le décor, à reflets métalliques, rehaussé de bleu et de blanc, offre au milieu un griffon héraldique. Fabrique de Pesaro.

26 — Autre grand plat, de mêmes fabrique et décor, à reflets très-vifs; au milieu, un sphinx.

27 — Grand plat, de mêmes fabrique et décor; au centre, un griffon héraldique.

28 — Grand plat, de mêmes fabrique et décor; au milieu, une jeune femme montrant à lire à un enfant; on lit sur une banderole placée au-dessus du sujet : *Per tacere noses corda.*

29 — Autre grand plat, de mêmes fabrique et décor ; au centre, saint François aux stigmates.

30 — Autre grand plat, de mêmes fabrique et décor; au centre, le portrait d'un empereur romain; dans le champ, la lettre A.

31 — Grand plat décoré de fruits et de fleurs; le bord est richement orné. Fabrique de Castel-Durante.

32 — Vase à couvercle ayant la forme d'une pomme de pin. Fabrique de Pesaro.

33 — Vase à une anse et couvercle, ouverture en trèfle ; la peinture représente une jeune femme à genoux et en prière devant un sarcophage. Fabrique d'Urbino.

34 — Petite coupe d'accouchée, décorée intérieurement d'un sujet analogue à la circonstance. Fabrique d'Urbino.

34 *bis* — Beau piédestal à six pans. décoré des figures d'Apollon et des Mus. s; les angles offrent des mufles de lion en relief. Fabrique d'Urbino.

35 — Plat offrant intérieurement les armoiries d'un pape. soutenues par deux génies. Même fabrique.

35 *bis* — Coupe d'accouchée, décorée d'arabesques fantastiques très-fines.

36 — Vase à deux anses, décoré de godrons et d'imbrications: bel émail bleu. Fabrique della Robbia.

36 *bis* — Jolie assiette, décorée d'arabesques sur fond bleu ; au centre, une armoirie. Fabrique d'Urbino.

37 — Deux petits plats, décorés d'arabesques en grisaille de très-beau style, sur fond bleu, avec date de 1537. Fabrique de Faenza.

37 *bis* — Joli plat; peinture à reflets métalliques, représentant un sujet mythologique; il porte au revers le monogramme de M° Giorgio, avec la date de 1541.

38 — Grand plat, à décor jaune à reflets métalliques très-vifs sur fond blanc; au centre, un écusson armorié. Fabrique hispano-arabe.

38 *bis* — Moyen plat à décor d'arabesques, à reflets métalliques sur fond bleu; au centre, une armoirie. Fabrique de Gubbio, par M° Giorgio.

39 — Grand plat à décor de style arabe, à reflets métalliques;
au centre, un lion héraldique. Fabrique hispano-
arabe.

39 *bis* — Grand plat à reflets métalliques, décor très-riche,
avec écusson aux armes pontificales. Fabrique de
Pesaro.

40 — Vase muni de quatre petites anses, décor à reflets métalliques très-vifs, avec rehauts de bleu. Fabrique
hispano-arabe.

41 — Deux cornets de pharmacie, décorés de sujets et d'arabesques. Fabrique de Castel-Durante.

Faïences diverses

42 — Groupes de figures représentant Neptune sur un cheval
marin. Fabrique de Bernard Palissy.

42 *bis* — Piédestal de forme triangulaire, orné aux angles par
des figures de sirènes. Même fabrique.

43 — Grand et beau vase, décor en camaïeu bleu, aux armes de la famille d'Orléans, avec l'anagramme du
Régent et de grandes fleurs de lis disséminées dans la
décoration. Pièce intéressante. Fabrique de Nevers.

44 — Deux corbeilles de fruits en terre émaillée. Della Robia.

45 — Plusieurs fruits en faïence. Même fabrique.

46 — Belle fontaine formée par une charmante figure représentant Vénus assise sur son char, traîné par un dau-
phin. Ancienne fabrique.

46 *bis* — Grand et beau plat à reptiles et coquillages, faïence de
Bernard Palissy, d'un très-bel émail et bien conservé.

Verrerie vénitienne

47 — Beau et grand lustre à huit branches en spirales, orné
de fleurs et de feuillages en émaux de couleurs.
Pièce très-importante et de fabrication vénitienne
du seizième siècle.

48 — Deux appliques à trois branches avec fleurs et feuilles
en émaux de couleurs, servant d'accompagnement au
lustre ci-dessus désigné.

49 — Deux grands candélabres à six branches, du même
genre.

50 — Coupe à piédouche, avec bordure dorée; au centre,
une biche sur un tertre, émaillée en couleurs.

51 — Autre coupe du même genre; au centre, une armoirie
émaillée.

52 — Verre dont le pied élevé est formé par des serpents en-
lacés, à filigrane de couleurs. Jolie pièce intacte.

53 — Verre de forme évasée et ondulée, très-léger.

54 — Verre à huit pans, très-évasé et très-léger.

55 — Gobelet de forme très-évasée à pans, décoré de filets
bleus tournés en spirales. Pièce très-fine.

56 — Vase à deux anses, en verre incolore, ayant au centre
une sphère en verre bleu.

57 — Vase à pied élevé, orné de plusieurs cercles et de ro-
saces en verre bleu ; à l'intérieur est un cygne en
émail blanc.

58 — Coupe à couvercle, ornée de cercles formés d'entrelacs
bleus.

59 — Gobelet à bosselages, ornés d'émaux et de dorure d'un
très-bel effet.

59 *bis* — Grand plateau en verre vert, décoré d'arabesques et
armoirie en or posées à froid.

60 — Verre très-évasé, à pied élevé, orné de deux petites
anses bleues.

61 — Autre verre, à peu près de même forme.

62 — Petit vase en verre incolore, orné de mascarons et de guirlandes, moulage en relief.

63 — Gobelet à pied élevé; verre incolore très-léger.

64 — Verre de forme bizarre, incolore et très-léger.

65 — Autre verre, à peu près de même forme, orné de filets bleus enroulés sur le bord.

66 — Verre forme calice, à pied élevé, avec couvercle, en cristal taillé, portant trois écussons gravés aux armes des artistes : *Bouchman, de Bordes et Van der Meulen.* Objet curieux.

67 — Grand vidrecome allemand, en verre émaillé, aux armes d'Autriche, avec tous les écussons armoriés des villes relevant de l'empire. Il porte la date de 1606.

68 — Deux carafes en cristal gravé, avec ailerons et anses, de Bohême.

69 — Carafe à une anse; la panse à réseaux saillants, en verre bleu.

70 — Autre carafe en verre violet et gravé.

70 *bis* — Coupe basse en verre émaillé; au centre, une sirène.

Porcelaine de Chine

320 .   71 — Belle paire de grands vases à couvercle, en porcelaine
de Chine. fond gros bleu, à décor en camaïeu d'or.
très-belle qualité.

316 .   72 — Deux chiens assis, en porcelaine céladon vert, belle
qualité ancienne fort rare. sur piédestaux en bronze
doré. Époque Louis XVI.

73 — Grand vase forme bouteille en porcelaine de Chine,
fond bleu clair avec cartouches de fleurs en camaïeu
bleu sur fond blanc, monture rocaille en bronze doré.

74 — Deux vases jardinières avec les bassins, en porcelaine
céladon bleu, décorés de fleurs faisant relief et émail-
lées en blanc.

75 — Grande figure de femme japonaise en porcelaine, richement ornée.

76 — Grand plat en porcelaine du Japon, fond bleu, décoré
sur le bord de cartouchés de fleurs; au centre est un
paysage avec figures. Monture en bronze doré.

77 — Tabouret de jardin, de forme hexagonale, en céladon
vert.

78 — Petit vase du Japon, décor bleu et rouge. **Monture en
bronze doré.**

79 — Vase en porcelaine du Japon, décoré de sujets de la vie
privée. Monture rocaille en bronze en couleur.

8 — Coupe vide-poche en porcelaine de Chine, à fond rouge,
avec cartouches de fleurs et d'oiseaux. Monture en
bronze doré.

r douzaines de belles assiettes en porcelaine de
Chine et du Japon, décorées de sujets de fleurs et
d'oiseaux, seront vendues par lots.

81 *bis* — Vase de forme très-élégante, en porcelaine du Japon,
à décor de fleurs rehaussées d'or.

Dorure

82 — Très-belle pendule ancienne, époque Louis XVI, en
bronze doré ; elle a la forme d'un cartel porté par
un lion, sur piédestal en bois noir richement orné
de bronze doré. *Modèle rare.*

83 — Deux candélabres anciens à bouquets de lis en bronze
doré, placés dans des vases en porcelaine de Chine,
fond bleu, à cartouches de fleurs. Très-belle qualité
ancienne.

84 — Belle paire de bras anciens, à quatre branches rocaille,
en bronze doré. Époque Louis XV.

85 — Autre paire de bras anciens, à deux branches rocaille, avec dragons ailés, en bronze doré. Époque
Louis XIV.

86 — Une paire de girandoles à deux branches, très-riche, en
cuivre argenté, du temps de Louis XV.

87 — Grande et belle pendule avec son socle, en marqueterie
de Boule sur écaille noire, richement ornée de
bronze. Pièce remarquable par son volume et la ri-
chesse de l'ensemble.

87 *bis* — Petite pendule allemande de bureau, en cuivre doré,
ornée d'arabesques à rinceaux en relief, de l'époque
de Louis XIII.

Objets divers

88 — Très-grand plat en cuivre repoussé et poli, offrant au
centre la figure allégorique de l'Abondance, et sur le
bord, des animaux. Pièce exceptionnelle par son volume et sa belle conservation. Diam. 95 c. Provenant
de la vente de M. Victor Hugo.

89 — Deux appliques pour bras, à fond de glaces gravées,
avec cadres richement sculptés et dorés, découpés
à jour. Travail vénitien de l'époque de Louis XIV.

90 — Jolie bouteille en faïence bleue de Perse, également
montée en bronze doré.

91 — Deux haches d'armes indiennes, en damas ciselé et en
partie plaqué d'argent ; les hampes, en cuivre ciselé
et doré, contiennent chacune un petit couteau.

91 *bis* — Grande bouteille de narguillet, en terre noire, décorée d'arabesques en argent. Travail indien très-
curieux.

92 — Coupe ronde orientale en cuivre doré et gravé, offrant
de nombreuses figures et des inscriptions arabes ; l'intérieur est argenté.

93 — Deux cigognes en bronze chinois très-fin et rehaussé
de dorures.

94 — Plat en émail vénitien, orné de godrons et de fines arabesques en or sur fond bleu et blanc.

95 — Petite lampe de suspension italienne, du seizième
siècle, en cuivre poli et découpé à jour, avec sa
chaîne de suspension très-ouvragée en fer doré.

96 — Deux piédestaux en bois ornés de fines moulures et de
dorures.

96 *bis* — Deux burettes en argent dans le style gothique du
quinzième siècle.

97 — Sous ce numéro seront vendus les objets omis au Catalogue.